INICIAÇÃO OCULTA

POR
JOANNY BRICAUD
Presidente da Société Occultiste Internationale

www.theurgia.us

Iniciação oculta, Copyright © 2018

Todos direitos reservados « Éditions Theurgia ».

Nenhuma parte desse livro pode ser reproduzida ou utilizada sob qualquer forma sem autorização escrita de Éditions Theurgia, com exceção das citações curtas integradas nos artigos ou apresentações relacionadas a esse livro.

Editores: Jean-Louis de Biasi - Patricia Bourin

Éditions Theurgia © 2018

2251 N. Rampart Blvd #133, Las Vegas, NV 89128, USA

secretary@theurgia.us

Fabricado nos Estados Unidos

ISBN : 978-1-926451-15-2

Descubra as publicações de "Theurgia"

www.theurgia.us

Descubra a Ordem Cabalística da Rosa-Cruz

www.rosa-cruz.org

ÍNDICE

Historia Sumaria Do Ocultismo — 5
Teorias Do Ocultismo — 9
A Constituição Do Homem — 12
O Corpo Astral — 15
O Plano Astral — 19
Os Elementaes — 21
A Morte E Seus Misterios — 25
Auras e Imagens Astraes — 30
O Ocultismo Pratico — 32
Pequeno Vocabulario Dos Termos De Ocultismo — 37

Historia Sumaria Do Ocultismo

O que é o ocultismo ?

A esta pergunta apresentam-se-nos geralmente duas respostas : a vulgar e a dos padres.

Ao vulgo ignorante, sugere o ocultismo ao espirito ideias de.bruxaria, diabos e fantasmas. Para os padres, a palavra ocultismo contem em si propria o seu significado: oecultisnao vem da palavra latina occultum, que significa "escondido"; donde concluem geralmente que os ocultistas se dedicam a "praticas secretas tendentes a fazerem renascer os misterios do paganismo".[1]

Ambas estas definições são erroneas. Se pretendessemos definir o ocultismo por uma unica frase diriamos que este termo serve para designar aquilo que se não conhece, aquilo que portanto se acha encoberto para o vulgo. Para o ignorante a fisica, a quimica, a astronomia, em uma palavra, todas as sciencias, sâo ocultismo. O estudo da sciencia seria portanto o, objectivo do ocultismo, o que que é realmènte exáto. Porém o termo ócultismó contem em si úm significado muito mais elevado, pois designa efetivamente o estudo dos feniomenos que não podem ser apreendidos pelos nossos sentidos fisicos, mas que são compreendidos e interpretados pelos nossos sentidos hiperfisicos, aquilo què Paracelso denomina o sexto principio.

Quer isto dizer, por outras palavras, que o ocultismo ensina, não o que nos parecem ser o homem e a natureza, mas sim aquilo que realmente são. O fim que portanto tem em vista é dar uma solução, simultaneamente positiva e mistica, aos grandes problemas que tanto nos preocupam : Deus, o Bem, o Mal, o Mundo visivel e invisivel, o Homem, a Alma humana e os seus destinos.

---

[1] Dom B.M. Maréchaux benieditino da congregação do Monte Olivete et Le Merveilleux divin et le Merveilleux diabolique.

O ocultismo remonta á mais alta antiguidade, porem a sua designação, sob este nome data apenas da Edade Media. Antes d'isso existia um esoterismo, designando os filosofos alexandrinos e gregos por "secção esoterica" uma especie de classe selecionada de entre os seus melhores discipulos, á qual eles ministravam os seus ensinamentos mais abstractos que os discipulos ordinarios não teriam podido compreender. Este esoterismo perpetua-se no Christianismo durante os primeiros seculos por intermedio dos "iniciciados" que, sob a denominação de gnosticos, deram um consideravel apoio ao Christianismo nascente.

Pouco a pouco se foi operando uma scisão no Christianismo ; e tendo o numero dos christãos exoteticos[2] aumentado consideravelmente, acabaram os iniciados por desaparecer quasi por completo. Sendo perseguidos e obrigados a esconderem-se, reuniam-se secretamente e fundaram sociedades secretas nas quaes foi conservada intacta a tradição ocultista. Tal foi a origem dessas misteriosas associações dos hermetistas, dos cavaleiros iniciados, dos adeptos de S. João e finalmente dos Templarios.

Os Templarios tinham por principio reconstituirem a fraternidades dos antigos tempos; propunham-se dífundir de novo na cristandade a verdadeira doutrina, que teria feito progredir a humanidade varios seculos, quando em 1312 foram trahidos e seguidamente dispersos. Os sobreviventes do massacre reunindo-se novamente, deram origem á Sociedade dos Rosa-Cruz e em seguida á Franco-Maçonaria.

Foi aparentemente n'esta epoca que teve origem a denominação de ocultismo.

As ideias que contitutam o fundo da doutrina, originarias ao mesmo tempo do neo-platonismo, da kabbala e da Gnose eram suspeitas de impiedade na epoca em que era de extrema

---

[2] Exoterico, o contrario de esoterico. Não secreto, publico. -Nota do tradutor.

facilidade o tornar-se culpado do crime de heresia e ser-se condenado á fogueira. E assim, os ocultistas de então, Réuchlin (1455-1522), Aggrippa (1486-1535), Paracelso (1493-1541), Cardan (1501-1576), Postel (1510-1581), Robert Fludd (1574-1637) envolveram o seu estilo em misteriosas perifrases e simboios obscuros; e ainda assim, apesar d'esta astucia, só a muito custo escapavam ás perseguições.

Mais tarde vieram Van Helmont pae (1577-1674), coguominado o Paracelso do seculo XVII, Angelius Silézius (1624-1677), Poiret (1646-1719) e finalmente Svvedenborg (1688-1777}.

E a Swedenborg que se ligam todas as sociedades ocultistas e iluminadas do seculo XIX, pois que foi ele o inspirador de Pascoal Martins (1715-1799), de Claudio de Saint-Martin (1743-1803), de Lavater (1741-1804), os quáes nos conduzem a Wronski, a Eliphas Levi, Luiz Lucas, Henrique Delaage, du Potet e aos ocultistas modernos.

Não pretendo faser uma narração completa da historia do ocultismo no seculo XIX, mas unicamente uma rapida exposição do movimento ocultista desde 1850 com o fim de nos dar uma ideia exata das origens imediatas do ocultismo contemporaneo.

Foi n'esta epoca que apareceu na Europa o espiritismo, importado da America. Em França os Swedenborgistas dirigidos por um humilde pastor, da mesma forma que o pequeno numero de sociedades de Rosa-Cruz fundadas por Eliphas Levi, poucos adeptos faziam. Os Martinistas vegetavam no esquecimento. A difusão da espiritismo pratico obrigou os centros de iniciação a encetarem uma campanha de propaganda com o fim de evitarem os perigos de um misticismo desregrado. Delaage, Eliphas Levi, Fauvety publicaram importantes obras ocultistas.

Pelo ano de 1875, chegava-nos egualmente da America a noticia de uma nova sociedade ocultista, fundada pela viuva de um oficial russo: Mme H. P. Blavatsky. Estabelecida inicialmente em NewVork, passou seguidamente a ter a sua séde no Hindustão, em Adyar [3]. A Sociedade Teosofica modernisou em alguns anos, os estudos sobre o budhismo e o brahmanismo.

A primeira loja teosofica que houve foi fundadaem Paris em 1884. Nos salões da duqueza de Pomar, que havia tomado a direcção d'essa loja, acotovelavam-se os espiritas, os svrredenborgistas e os martinistas. Um momento houve em lque os teosofos esperavam já tomar a direcção de todas as sociedades misticas; em breve porem aparecia, fundada por jovens ocultistas a sociedade rival dos Rosa+Cruz, de que Estanislau de Guaita era o Grão Mestre, tendo em volta de si um supremo conselho de que fasiam parte Alberto Jounet, J. Péladan, [4] Papus[5], Barlet e um padre católico conhecido pelo psèudonimo de Alta. Por seu lado René Caillé fundava a *Revista dos Estudos Elevados*. Era esta revista a segunda tentativa de difusão do ocultismo, tendo sido a primeira a *Magia do Seculo XIX* publicada, cerca do ano de 1855, por Alcides Morin.

Foi na mesma epoca que Papus resolveu reconstituir a Ordem Martinista começando pelo agrupamento das forças individuaes, agrupamento que teve o seu inicio na revista *O Lotus*, dirigida com grande autoridade por F. K. Gaboriau.

As primeiras lojas martinistas, cujo ritual foi estabelecido segundo os manuscritos da antiga Ordem encontrados em Lyon funcionavam pelo ano de 1889 em Montmartre, sob a egide do ocultista Poiret. Em 1889 estabeleceu-se egualmente o *Grupo de Estudos esotericos* que em breve se tornou o centro derecrutamento do Martinismo. Ao mesmo tempo Papus fundou a *Iniciação*, revista mensal, e *O Veu de Isis*, pequeno jornal hebdomadario. A Ordem Martinista constituiu o seu

---

[3] Arredores de Madrasta. (Nota do traductor).
[4] Josefino Péladan, artista notavel que pelo ano de 1889 dirigiu o movimento de espiritualisação da estetica. (Nota do traductor).
[5] Pseudonimo do Dr. Gerard Encausse, major medico do exercito francez, o qual morreu victima da sua dedicação nos hospitaes de sangue na grande guerra europeia. (Nota do traductor).

supremo. Conselho com 21 membros, em Paris, e expandiu-se rapidamente pela Europa e pela America. Este supremo conselho acha-se representado em cada paiz estrangeiro por delegadós geraes e delegados especiaes.

O ramo francez da *Sociedade Teosofica* teve por orgão *O Lotus Azul* proficientemente dirigido pelo comandante Courmes e pelo doutor Pascal. Os gnosticos, organisados em Egreja, publicaram a importano te revista *O Caminho*. Os alquimistas formaram uma *Sociedade Alquimica* sob a direcção de Jollivet Castellot.

Finalmente n'estes u4timos anos, o antigo *Grupo de estados esotericos* tornou-se o nucleo de um novo agrupamento: a *Sociedade Ocultista Internacional* com correspondentes e delegados nos, principaes paizes do mundo.

Teorias Do Ocultismo

Da leitura do capitulo precedente se infere que o Ocultismo é essencialmente uma filosofia tradicional a par de um positivismo transcendente. Vamos agora resumir as suas teorias principaes.

Antes de mais nada, .estabelece o Ocultismo como base primacial *que não existe o sobrenatural*, da mesma forma que tambem não existe o acaso; no menor acontecimento vê o Ocultismo a execução de uma lei, e todo o seu fito se traduz em alargar o dominio experimental. E o ocultista um explorador ousado, um pioneiro, um desbravador do intermundio. Para ele não ha milagres, no sentido que o vulgo geralmente liga a esta palavra; não existem efeitos sem causas, havendo apenas fenomenos cujas causas nos escapam.

Define-se o metodo ocultista como sendo. a analogia, intermediaria entre a dedução e a indução, apoiando-se alternadamcnte em cada uma d'elas.

A *Lei da analogia* foi formulada por Hermes Trimegista, na *Taboa de Esrneralda*, da seguinte maneira: "O que está em cima é como o que está em baixo; para realisar o milagre da unidade». Note-se que o autor da *Taboa de Esmeralda*, faz distinção em absoluto, e logo de começo, entre a analogia e a semelhança, erro que é dificil evitar nus principiantes. Uma cousa analoga a outra nem sempre lhe é semelhante.

Por analogia, determina o ocultismo as relações que existem entre os fenomenos.

A *Lei do Ternario* tudo domina refletindo-se nos tres mundos que compoem o universo: *o mundo divino* ou dos principios, isto é, a razão de ser, a causa primaria; *o mundo psiquico* ou das leis, isto é, a adaptação de um determinado numero de factos que, estudados, parecem sempre renovar-se segundo uma sequencia ou serie identica; e finalmente *o mundo fisico* ou dos factos, isto é, das manifestações exteriores das leis nas suas diversas contingencias. A mesma lei do ternario (reconhecida em Deus em todas as grándes religiões: trindade) se observa na constituição geral do homem, como teremos ocasião de ver.

A *Lei da serie* pode formular-se da seguinte maneira: dois opostos teem sempre entre si um intermediario que é resultante dos dois. Assim, ao dia opõe-se a noite; e comtudo essa oposição não é rigorosamente absoluta! Se observarmos com atenção nota se que entre a luz e a sombra que pareciam completamente separadas, alguma coisa existe que nem é luz, nem sombra, e que se designa pelo nome de penumbra. Temos assim: luz, sombra, penumbra; quente, frio, tepido ; positivo, negativo, neutro; atração, repulsão, equilibrio ; acido, base, sal; estados solido, liquido, gazoso; homem, mulher, creança ; Pae, Filho, Espirito Santo. Luiz Lucas aplicou esta lei a quasi todos os fenomenos quimicos, fisicos e mestno biologicos da sciencia contemporanea.

A *lei de involução e evolução* pode assim exprimir-se: O principio ativo, cuja essencia é a unidade, impõe-se de começo ao princípio passivo, que o atrae pela sua essencia infinitamente multipla ; este (o passivo), absorve aquele, o qual vae progressivamente dessiminando-se, subdividindo-se por cada atomo para o animar. E o primeiro principio do processo vital: a *involução*, a qual é depois seguida de um estado de confusão, de efervescencia, de perturbação, em que cada atomo, assim vivificado entra em luta de espontaneidade com os atomos visinhos.

O espirito creado polarisa-se na materia, a qual por si propria evolue pouco a pouco atravez dos diferentes mundos, espiritualisando se cada vez mais para regressar á unidade. Tal é a lei de *evolução*, expressão metafisica da queda e da reintegração do homem. Como consequencia, a *lei universal de aspiração e respiração* manifesta-se por: luz e sombra; vida e morte; fluxo e refluxo; Expansào e compressão; movimento do principio do ser e do ser em principio ; involução e evolução.

Outra lei existe, não menos importante, que é a chamada *lei das correspondencias* que Sviredenborg, , o celebre vidente sueco, poz em evidencia nas suas obras dizendo: "Toda coisa que no mundo natural existe em virtude de uma coisa espiritual, diz-se correspondente".

A esta lei liga se a dos sinaes astraés, baseada na influencia do espiritual sobre o físico, da alma sobre o corpo, e que se pode assim formular: todo o ser creado manifesta o seu caracter por meio de traços especiaes que as nossas faculdades intuitivas, desenvolvidas pela pratica e pela observação, nos permitem apreciar. Esta lei serve de basé a todas as sciencias adivinhatorias.

A *lei da composição dos imans* pode ser assim formulada, segundo Estanislau de Guaita : " O masculino é positivo na esfera sensivel e negativo na esfera inteligivel. O femenino pelo contrario, é positivo na esfera inteligivel, e negativo na esfera sensivel". Aplicada ao homem pode esta lei traduzirse da seguinte forma: "No homem, o orgão genital é masculino ou positivo, e o cerebro, femenino ou negativo; na mulher, o sexo é femenino ou negativo, e o cerebro, masculino ou positivo."

Finalmente, a *lei dos sinais de apoio* pode ser assim formulada: para o homem agir para o exterior deve apoiar-se em um sinal analogicamente correspondente á sua vontade. "sinal, disse E. Lévi, exprime a coisa; a coisa é a virtude do sinal. Existe correspondencia analogica entre o sinal e a coisa que ele significa. Quanto mais perfeito for o sinal, mais completa é a correspondencia[6]. E' o principio do poder de verbo humano, manifestado pela prece, pela benção, pela maldição, pelo esconjuro. E' a lei fundamental da Magia.

A Constituição Do Homem

Ensina o ocultismo que o homem é formado de tres principios primordiaes : o corpo fisico, o corpo astral e o espirito: Assim, entre o eu e o não eu, entre o espirito e o corpo, indica o ocultismo a existencia de um principio intermediario: Os teologos ensinam que o homem é composto unicamente de dois principios : o espirito imortal e o corpo fisicó, e por isso se vêem fortemente embaraçados quando teem que responder aos materialistas que lhes perguntam onde está o espirito durante o tempo de desmaio, febre, alienação ou loucura, limitando-se assim a responder que: "admitir um intermediario, equivale a aumentar a dificuldade em vez de a resolver". Contudo S. Paulo e S. Tomás sempre fizeram distinção nitida entre corpo, corpo astral ou alma e espirito (*corpus, anima et spiritus*).

Esta ligação entre o principio espiritual e o principio material constitue um dos problemas mais importantes da psicologia ocultista.

Sobre este ponto nunca os ocultistas variaram os seus ensinamentos, em epocá alguma, desde os Egypcios da 18ª

---

[6] La clef des Grands Mistères – paginas 205,206.

dinastia (1 500 anos antes de Jesus Christo) que ensinavam a existencia dó corpo ou *khat*, do duplo ou *ka* e dá substancia inteligente ou *khou*, ou desde os kábbalistas -que distinguiam o corpo *Nephesch*, do corpo astral, *Ruach* e do espirito *Neschamah* até Paracelso que ensinava no secuib XVI a existencia do corpo elementar, do corpo astral ou *evestrum* e da alma espiritual, e por fim até Eliphas Levi estudando no secula XIX as propriedades do "duplo fluidico" ou mediador plastico intermedíario entre o corpo e o espirito.

E pois o ser humano composto de tres principios : o corpo fisico, aquilo *que suporta o todo*; o corpo astral ou a alma, aquilo *que anima e move o todo* e finalmente o espirito, aquilo *que governa o ser completo*.

O corpo fisico suporta todos os elementos que constituem o homem incarnado e tem o seu centro de atividade no abdomen. O corpo astral anima todos os elementos que constituem o homem incarnado, tem o seu centro de atividade no peito e constitue o principio da cohesão do ser humano. Move egualmeate todos os elementos que constituem o homem incarnado, para o que tem o respetivo centro de atividade na parte postero-inferior da cabeça.

O espirito governa todo o organismo e tem o seu ponto de apoio no cerebro material, embora geralmente se não ache incarnado por completo no ser hummo.

Dissémos nós que o corpo fisico suporta todos os elementos que constituem o homem incarnado. E' ele efetivamente que fornece á sua propria constituição o esqueleto, os musculos, os orgãos digestivos e todas as suas dependencias, Ao corpo astral fornece. ele as hematinas[7] os orgãos circulatoriós e suas dependencias.

E finalmente, ao espirito é ainda ele que fornece todos os princípios materiaes do sistema nervoso consciente.

---

[7] Materia corante dos globulos ou discos vermelhos do sangue. (N. do T.).

Os elementos materiaes do ser humano renovamse sob a influencia dos alimentos transformados em chylo pelo aparelho digestivo. O centro de renovação e de atividade do corpo fisico acha-se portanto colocado no abdomem.

Dirigido na sua marcha organica pelo *Instincto*, manifesta-se o corpo fisico ao Espirito consciente pelas necessidades.

O corpo astral é que anima todos os elementos constituintes do ser humano. E o duplo exacto do corpo fisico e constitue tambem por si proprio uma realidade organica, tendo orgãos fisicos, centros de atividade e de localisações, que são os orgãos da respiração e da circulação e todas as suas dependencias.

As funções organieas do corpo astral manteemse sob a influencia do ar atmosférico, transformado peio aparelho respiratorio em força vital.

O aparelho circulatorio difunde a força vital por todos os pontos do organismo e fornece ao ser psiquico os princípios necessarios á elaboração da força nervosa. Dirigido pelo sentimento, o corpo astral manifesta-se ao espirito consciente pela paixão.

E' o espirito que governa o ser completo, que sente e que quer. Tem um dominio de ação perfeitamente limitado, com um cen,tro de atividade, orgãos e condutores especiaes.

Os orgãos físicos especialmente afectos ao Espirito são os orgãos constituintes do sistema nervoso consciente com todas as suas depetidencias. A essencia do espirito consiste na liberdade que ele tem de se deixar dominar pelos impulsos vindos do interior ou de lhe resistir. E' n'esta faculdade primordial que reside essencialmente o livre arbitrio.

Apesar de independente por si mesmo de cada, um dos tres centros organicos do ser humano: cabeça, peito e ventre, o espirito atúa comtudo sobre eles indiretamente.

Vamos dar um exemplo que nos habilite a formar uma ideia exáta dos tres principios humanos. Podemos comparar o homem a um trem em que a carruagem representa o corpo fisico, o cavaló o corpo astral e òo cocheiro a alma ou o espirito. Foi este simbolo que Papus escolheu, para demonstrár estes principios no seu *Tratado metodico de sciencia oculta*, imagem que permite definir perfeitamente as funções de cada principio:

A carruagem, que por si só é inerte, corresponde muito bem ao corpo fisico; o cocheiro, que dirige o governo do conjuncto por meio das redeas, sem tomar parte directa na tração, desempenha as funções do Espirito. E finalmente o cavalo, ligado á carruagem por meio dos varaes e ao cocheiro por meio das redeas, é que move todo o sistema sem se preocupar com a direção, o que indica perfeitamente o caráter do corpo astral verdadeiro coval do organismo que move mas que não dirige.

O exemplo que acabamos de apresentar parecenos suficientemente claro para exáta compreënsão das funções dos tres pr"rilCipioS humanos[8]. As gravuras colocadas na parte superior dos cahitulos III, IV, V, VI e VII, são os simbolos adótados nas obras que acabámos de citar.

O Corpo Astral

O que distingue pois os ocultistas dos fisiologistas ordinarios relativamente á questão da constituição do ser humano é a existeneia d'esse corpo astral, intermediario entre o corpo e o espirito.

Vamos agora examinar com mais atenção o que seja o corpo astral. Conforme dissémos, é o corpo astral que dirige a força vital no organismo; é tambem por meio d'ele que se efetua a continua mudança das moleculas e se impede a referida força vital de separar a estrutura animal em varios organismos distintos. O corpo astral é o duplo exato do corpo fisico.

---

[8] Vide tambem H. Durvilte, u Magnetismo Pessal, 1.11 parte.

Esta ideia do corpo astral, sob denominações diversas, é uma das mais antigas e dás mais persistentes que teem atravessado todas as filosofias.

Os Platonicos ensinavam que entre o corpo animal e *Psyché*, oespirito, existia um estado intermediario, um corpo aereo, ainda material, mas mais simples, que era habitado pela alma em via de purificação.

Porphyro disse: A alma nunca é desprovida de corpo; acha-se sempre ligada a um corpo mais ou menos puro, adahtado á sua disposição atual.

Quando porem a alma acaba de abandonar o corpo terrestre e grosseiro, o corpo espiritual que lhe serve de vehiculo afasta-se com ela necessariamente manchado e densificado pelos vapores e exalações do primeiro. Purificando-se a alma progressivamente, vae se esse corpo convertendo lentamente em uma pura luminosidade que nevoeiro algum pode empanar.

Esta ideia encontra-se em todas as religiões orientaes. O budhismo ensina a existencia do *lingasharira*, os Persas *do kaleb*, os Zoroastristas do *keherpas*. O pantheismo grego designa o corpo astral pelo no me de *Ochema*, o substratum material do espirito. E' especialmente na kabbala que nós encontramos a ideia do corpo astral nitidamente expressa. Segundo ela, os tres elementos do homem são, como já vimos:

Nephesch, o corpo; *Ruach,* o corpo astral; *Neschamah*, o espirito.

Ruach é um corpo interno, ideal, expressão virtual, passiva da ação exterior da materia. E' o espelho da vida corporal. Composto das forças que existem na base do ser material, é ele um individuo especial que dispõe de si proprio por uma ação livre e voluntaria sempre que a ação de *Nephesch*, do corpo, deixa de ser suficiente para o reter. Pode destacar se[9], sahir do corpo durante o, sono, ou prostração, conservando-se ligado a

---

[9]) desdobrar-se. (N. do T.).

ele por um laço cuja ruptura produziria a morte do corpo material.

O corpo astral está dentro do homem e ao mesmo tempo fora do homem; quer dizer, que alem de o interpenetrar completamente, projecta uma especie de emanação fluidica que se chama *aura* e que envolve o corpo como uma especie de esfumado.

Os experimentadores psiquistas Baraduc, de Rochas e Crookes.[10] notaram que esta aura é especialmente densa na cabeça e nos dedos, podendo mesmo tornar-se visivel para certas pessoas em determinadas condições.

Por meio de uma forte concentração da vontade, pode o homem projectar fora de si uma parte do seu corpo astral a qual será assim como uma especie de prolongamento do seu proprio corpo.

Pode tambem sair totalmente do seu corpo e aparecer em corpo astral. N'este caso o corpo astral acha-se apenas ligado ao corpo fisico por um afio» vaporoso e brilhante formando uma especie de cordão umbilical.

Esta operação, porém, é extremamente perigosa e apenas é permitido tental-a a rarissimas pessoas, que se dedicam ha muitos anos á pratica das ciencias ocultas. Sómente depois de um grande treino se pode chegar a este estado de desenvolvimento e mesmo assim se arrisca a vida a cada passo.

Vê-se frequentes vezes o corpo astral destacar-se do corpo de um rnedium.[11] e aparecer junto dêle. Um distinto experimentador, o coronel de Rochas.[12] poude seguir passo a

---

[10] William Crookes celebre fisico inglez, membro da Royal Society (a academia das sciencias da Inglaterra) descobridor do estado radiante da materia. (N. do T.)

[11] Individuo dotado de condições especiaes de passividade psiquica que o tornam apto a receber a influencia das entidades das planos hiperfisicos servindo-lhes de intermediario para o plano material. (N. do T.)

[12] Lente da Escola Politecnica de Paris. (N. do T.)

passo as fases sucessivas desta exteriorisação por meio de sensitivos ou videntes que se fiscalisassem mutuamente. Foi tambem por ele constatada a formação progressiva, fora do corpo, de camadas luminosas equidistantes, podendo estender-se até um metro de distancia da pele

e aglomerándo-se pouco a pouco para formar o duplo ou corpo astral.

Sucede tambem que um moribundo pode aparecer em corpo astral, caso que não é raro. Durante as doenças graves, destaca-se ás vezes do corpo dos doentes o corpo astral colocando-se ao lado d'eles; ou então, exteriorisando-se mais, vae assentar-se proximo do leito ou em outro sitio do quarto. A's vezes pode o doente ver o seu "duplo" que ele toma ordinariamente por um individuo estranho que se obstina em permanecer a seu lado, e do qual pede instantemente que o livrem.

O corpo astral conserva-se constantemente vigilante dentro de nós, nunca dorme.

Toda a gente conhece o fenomeno singular da intuição da hora, essa faculdade caprichosa que tem a maior parte dos homens de acordar exactamente á hora que de ante-mão fixaram. Parece-lhes que alguem se acha ao seu lado que os acorda á hora marcada. Sucede tambem ás vezes que, absorta em uma profunda meditação, se esquece uma pessoa da hora de uma entrevista! De repente sente um sobresalto ; alguem que estava vigilante junto d'ele, em volta d'ele, o arrancou ao seu extase. Esse alguem é o corpo astral.

O mesmo se dá com o passivo (sujet) magneticamente adormecido. Não é nem o corpo nem o espirito que recebe a vontade do magnetisador, mas sim o corpo astral que armasena as ordens executando-as á hora precisa. Assim, na experiencia classica do hipnotisador que ordena ao seu passivo que se apodere de um determinado objecto; d'un relogio por exemplo, que lhe não pertence, o corpo astral obedece, acionando o corpo material ; e o acto improprio vae já para se realisar, quando o espirito, a consciencia, desperta, e o passivo exclama imediatamente: "Mas isto é um roubo!"

O corpo astral não tem por si proprio nem inteligencia, nem consciencia. E' ele que vive nos sonhos, que vagueia no plano astral e nele encontra as visões que povoam o nosso sonho.

Pará aqueles que já teem assistido a sessões de magnetismo oculto e de mediumnidade, não pode restar duvida alguma sobre a realidade do corpo astral.

O Plano Astral

Vamos agora abordar o estudo mais impressionante do ocultismo; o estudo do invisível, o estudo do Alem.

No capitulo ácerca das teorias do ocultismo dissemos nós que a lei do ternario domina tudo em ocultismo. Efectivamente, o ocultismo ensina que o universo é composto por tres mundos: o *mundo fisico, o mundo astral e o mando mental au espiritual.*

Em todos os actos da vida se torna necessario um intermediário. Se por exemplo, nós desejamos saber o que um livro contém, precisamos do intermediario da vista. Entre o principio criador e o principio criado, existe um intermediario ; e é este intermediario que em ocultismo se chama plano astral ou mundo astral.

Suponhamos que um pintor concebeu um quadro. Esse quadro existe nos seus lobulos cerebrais, ou na sua imaginação, como quizermos dizer.

Pois bem; o plano astral é para o plano divino aquilo que a imaginação é para o pintor, podendo mesmo chamar-se ao plano astral a imaginação de Deus.

Os tres mundos podem ser figurados como tres envolucros que se interpenetram, simultaneamente unidos e distintos.

O mundo espiritual produz e interpenetra o mundo astral, o qual por sua vez tambem, produz e interpenetra o mundo material. O mundo astral é a manifestação do mundo espiritual, da mesma forma que o mundo fisico vem a ser a manifestação do mundo astral.

Assim, este plano intermediario é encarregado de receber as impressões do plano superior e de as efectivar atuando sobre a materia, da mesma forma que a mão do artista é encarregada de reproduzir as impressões do cerebro e fixal-as na materia.

Não se imagine que o plano astral esteja situado em uma região metafisica impossivel de se tornar perceptivel a não ser pelo raciocinio. Não poderemos deixar de repetir constantemente que tudo se acha interpenetrado na natureza da mesma maneira que no homem. O plano que nos contém, contém da mesma forma tanto o infusorio como o universo. Somente a necessidade de analise nos obriga a separar caisas absolutamente conexas. De harmonia com o que acabamos de dizer, pode o piano astral ser considerado como sendo um espelho do mundo divino.

Tudo o que existe foi primitivamente criado no mundo divirto *em principio*, isto é, em potencial; esse principio, passando então para o plano astral ahi, se manifesta como "negativo" quer dizer que tudo o que era luminoso nesse principio se tornou obscuro, e reciprocamente, tudo o que era obscuro se tornou luminoso, não é a imagem exacta do principio que se manifesta, mas sim òo molde dessa imagem. Urna vez obtido o molde, achar-se-ha concluida a criáção "no astral".

E' então que começa a criação no plano fisico, no mundo visivel.

A forma astral, atuando na materia, dá origem á *forma fisica*. E o astral nunca pode alterar os tipos a que dá origem, da mesma forma que o molde não altera a imagem que reproduz.

Mas ainda isto não é tudo. O ocultismo ensina que qualquer objecto ou qualquer ser projecta uma sombra sobre o plano fisico, da mesma forma que tudo projecta um reflexo no plano astral.

Quando uma coisa ou um ser desaparece, o seu reflexo no astral persiste e reproduz a imagem dessa coisa ou desse ser, tal como essa imagem era no momento do seu desaparecimento. Cada homem deixa portanto "no astral" um reflexo, uma imagem carateristica.

O plano astral, da mesma forma que o plano fisico, tem tambem os seus habitantes:

"O mundo astral, diz o ocultista, Guymiot, não é menos variado que o mundo fisico : exatamente como este, acha-se povoado de seres que teem nele as suas condições de existencia da mesma forma que nós temos as nossas no mundo material."

Em primeiro logar existem entidades diretivas que presidem á marcha de tudo aquilo que evolue no astral. Essas entidades são constituidas, quer pelos homens superiores das humanidades anteriores, evoluídos por sua iniciativa propria (espiritos directores da kabbala), quer por seres especiaes dó plano divino (anjos e receptores da luz). Seguemse as *egregoras* ou imagens astraes de formas especiaes, mantidas pelas aspirações das coletividades (deuses particulares das religiões); corpos astraes de seres sobrecarregados de materialidade (suicidas); seres em via de evolução; entidades hum anás que atravessam o astral, quer para incarnarem, quer depois de terem desincarnádo. Finalmente nele se encontram diversos seres susceptiveis de sofrerem a influencia da vontade humana: que são os elementaes.

Como estes ultimos seres constituem uma das classes mais importantes dos habitantes do mundo astral, vamos estudal-os em capitulo espeçial.

Os Elementaes

"Os elementaes, diz Papus, são analogos aos globulos sanguineos e aos leucocytes do homem ; são larvas, celulas fluidicas em movimento perpetuo de agrupamento mútuo, que obedecem á vontade-do homem ou até mesmo á incoherencia das paixões."

Em linguagem mitologica são chamados os espiritos dos elementos: gnomos, silfides, ondinas e salamandras.[13].

Todos os elementos, diz Paracelso, téem alma e vida. Os habitantes dos elementos chamam-se *saganes*. Não são inferiores ao homem, mas diferem dele em não terem espirito imortal; são as potencias da natureza[14], isto é, são eles que fazem aquilo que se atribue geralmente á natureza. Podemos chamar-lhes seres, mas não são da mesma raça que os homens. Comem e bebem os elementos que dentro da sua esfera servem de comida e de bebida. Andam vestidos, casam-se e reproduzem-se entre si.

Sabem tudo quanto se passa e revelam-se frequentes vezes aos homens que com eles podem conversar. Podem chegar até nós e imiscuir-se na nossa sociedade. Podem proceder comnosco, porem os seus filhos não lhes pertencem

Assim se exprime Paracelso. Neste caso, da mesma forma que em todas as formulas cabalisticas, é necessario procurar o verdadeiro sentido.

Antes de mais nada, torna-se necessario compenetrarmo-nos bem da ideia de que os elementos das cousas não são simples entidades metafisLas, mas sim seres reaes, dotados de vida, de forma e de vontade Os elementaes não são pois realmente inferiores ao homem, visto que desempenham na sua constituição certas funções de que não poderemos deixar de reconhecer a importancia; pode mesmo dizer-se que o homem, considerado como corpo material, se encontra subordinado á influencia da força elemental. São potencias dia natureza, mas potencias limitadas; seres reaes mas que nada teem de humano.

---

[13] Espiritos respetivamente da terra, do ar, da agua e do fogo. (N. do T.)
[14] Tambem chamados espiritos da natureza. (N, do T.)

Por meio do vegetal penetram eles no homem durante a sua vida, da mesma forma que tambem o fazem por meio dos elementos mineraes gasosos, esseneiaes á materia.

Existe, pois, entre os elementaes e o homem uma conexio, uma relatividade.

Destes eiementaes uns ha, que são bons, outros maus e outros neutros De facto, os elementaes estão sujeitos ao homem; sendo forças, vagueiam atravez do universo, sempre em busca de ação; tudo aquilo que encontram na sua passagem lhes serve de instrumento, e se o homem pretende impedir-lhes a passagem, ai dele. Nem o proprio corpo astral, na sua parte material, lhes escapa.

O homem, na sua vida terrena, acha-se rodeado de elementies que ele provoca e que o instigam ; os quaes, conforme já acima dissemos, nesempenham um detertnina-do papel na constituição do homem.

Entre os elementaes dintinguem-se os espiritos dos elementos: ar, agua, terra e fogo. Os espiritos do ar governam as funções da respiração bem como os orgãos por meio dos quaes ela se realisa. Os espiritos da agua dirigem os humores e as secreções do corpo, especialmente o sangue. Os espiritos da terra exercem dominio sobre os diferentes tecidos do corpo, e os espiritos do fogo dirigem a assimilação e a nutrição. Um iniciado, que atue por um esforço de vontade sobre os elementaes, pode curar as perturbações do corpo e restabelecer as suas funções.

Existem egualmente outros elementaes que podemos chamar astraes, os quaes, em caso algum, são entidades ou personalidades inteligentes, mas apenas reflexos ou écos ; nascidas dos fluidos do corpo, não teem espiritualidade alguma, vivendo apenas do corpo.

Não sómente as suas aspirações não passam alem do corpo, como tambem ignoram e até negam a existencia de uma esfera acima da sua. Ocupam-se comtudo em profetisar e são prodigos em ameaças ou promessas. Parecem não ter consciencia das contradições que se notam nas suas afirmações, e por mais flagrantes que sejam, nem por isso se atrapalham. Quando os deixam discorrer á vontade, descem até á blasfemia e á obscenidade; induzem á sensualidade, ao vicio, á crueldade; instigam á vida depravada, á luxuria, alimentando-se dos fluidos vitàes do sangue, esgotando a energia e tornando-se os vampiros daqueles a quem se ligam: São impessoaes, não tendo por conseguinte orgão algum de conhecimento. Como não possuem alma, não podem ter individualidade, e não teem noção alguma do bem ou do mal, da verdade ou da mentira; tão pouco possuem vontade'ou ação independente; nada mais são do que vehiculos. Comtudo, embora não sejam personalidades inteligentes, são muitas vezes agentes das ideias inteligentes, servindo de meios de comunicação entre personalidades inteligentes. Eram invocados pelos Rosacrucianos e magos da Edade Media, e ainda hoje o são por certas pessoas. Respondem aos pentagramas e outros sirnbolos, sendo mesmo perigoso nomeal-os em certos logares e em certas epocas.

E' principalmente por meio dos eiementaes que o adepto realisa as suas maravilhas. Alem dos adeptos existem tambem outras pessoas que podem ter relações com os elementaes ; mas esta ligação é perigosa para todos aqueles que se não achem purificados e aperfeiçoados espiritualmente.

Essas pessoas podem dominal-os; mas não devem de forma alguma deixar de estar sempre vigilantes, pois que ao mais pequeno descuido, eles tomam imediatamente a desforra. Todas as vezes que os elementaes não são dominados, tornam-se eles os senhores mostrando se implacaveis na sua vingança para com aquele que desobedece ás suas ordens.

Apoderam-se dos corpos astraes, aparecendo então sob diversas formas. O proprio feiticeiro cedelhes uma parte do seu influxo astral contribuindo para lhes dar uma existencia efemera e quasi sempre aterradora projetando-os segundo um alvo determinado, quer sob a forma de pedras invisiveis que ele atira ao seu inimigo, quer sob a forma de veneficios[15] que a paixão e o vicio ardente projetann sobre o ente desejado.

Podem tambem galvanisar o cadaver de um animal ou apoderar-se do molde ou casca astral que abandonou o seu corpo material. Reanimam os restos dipersos e constituem formas monstruosas que permanecem durante largos anos na imaginação dos povos. Numa palavra, os elementaes constituem o mundo do mal e dos vicios.

A Morte E Seus Misterios

A morte, momento temido por todos nós, é produsido pela separação do espirito que arrasta o corpo astral (a alma) para fora do corpo fisico.

No momento em que essa separação começa a efetuar-se, entra o corpo, inerte, na agonia. Pouco a pouco se vão quebrando os laços que prendem o astral; dos tres elementos que compoem o homem incarnado, o primeiro (o corpo fisico) volta para a terra ou para outra qualquer modalidade do plano fisico ; o segundo (o corpo astral) decompõe-se em duas partes: uma inferior, que se, espalha pela vida universal e ajuda a decompor o cadaver, em caso de necessidade; a outra, superior, que se torna aquilo que Pythagoras chamava *o veiculo da alma* e envolve o espirito na sua evolução posthuma; o terceiro, (o espirito), que é o unico destinado a subsistir com a integralidade da sua consciencia.

A teoria do ocultismo nada tem mudado desde as epocas mais remotas.

Voltemos porem a estudar detalhadamente os fenomenos da'morte, começando pela agonia.

No instante em que se acaba de quebrar o laço que existia entre o corpo fisico e o espirito,

---

[15] Envenenamentos por meio de sortilegios. (N. do T.)

manifesta-se no corpo astral uma tendencia pana se dividir em duas partes: uma inferior que, conforme já dissemos, se conservará no plano fisico, e outra superior que tem de evoluir até ao plano astral superior. Essa luta manifesta-se ordinariamente pela agonia.

Pouco a pouco se vão quebrando os laços que reteem o espirito, saindo este da sua prisão corporal. Esta separação produz-se mais ou menos rapidamente conforme o maior ou menor grau de materialidade do individuo.

Cada uma das celulas fisicas recupera então a sua autonomia, começa a decomposição do cadaver, dirigindo-se cada um dos pequenos seres celulares que o constituianr para as suas afinidades especiaes. Por seu lado, o espirito atravessa um periodo de perturbação. Flutúa por cima do corpo que acaba de deixar não podendo compreender o seu novo estado; mergulhado primeiramente na obscuridade, tem apenas a sensação de uma sonolencia, mas insensivelmente desaparece essa prostração e começa a perceber aquilo que o cerca: o seu corpo rigido estendido no leito, velas acesas, pessoas ajoelhadas murmurando preces; este espetaculo causa-lhe admiração e pavor; quer gritar e não pode; de subito, a luz em que se acha mergulhado aumenta de intensidade ; vê uma especie de torrente luminosa que parece arrastal-o para uma cousa desconhecida de que ele tem receio; surgem formas medonhas (elemeotaes) que se precipitam sobre ele; figuras humanas e seres animaes que lhe fasem caretas horrorosas; quer fugir, quer subir, porem, novo fenomeno se produz: todas as ações da sua vida passada se lhe apresentam como em um espelho, e então, louco de vergonha e dé medo, encaminha-se para esse corpo que deixou e procura febrilmente regressar á vida; em vão os espiritos superiores o animam ; não os vê, não os ouve; apodera-se dele a vertigem, rodopia um instante sobre si proprio coma uma barca em tempestade, desaparecendo por fim na torrente fluidica que o envolve fio seio dos seus milhares de ondas.

Este estado de perturbação pode prolongar-se por muito tempo. Por fim, o espirito sae do seu pesadelo, recupera a consciencia do seu eu, compreende então o que se produsiu, e, tornando-se consciente do meio em que se encontra, já não o assustam os hospedes com quem vive. Nota que se encontra na realidade mais vivo do que na terra, mas que novos orgãos, indicio de faculdades tambem novas, nasceram, e que a comunicação fisica com o plano material se torna cada vez mais dificil, servindo apenas os sentimentos de laços entre os dois planos. Comtudo o espirito, reconhecendo que ainda não está no seu verdadeiro meio, vae diligenciar contribuir para a segunda morte, a morte no plano astral, que acelerará a sua evolução.

Tomámos para exemplo a evolução de um espiritá medio ; efetivamente, se o homem foi bom e honrado, se desenvolveu a sua conseiencia e os seus elementos psiquicos, a sua parte espiritual evoluirá livremente no mundo astral.

Examinemos agora o caso contrario:

1. - Brutalidade fisica; desarranjo do organismo por excessos, por privações, pelo vicio ou por culpabilidade do individuo.

2. Brutalidade moral, existencia criminosa, viciosa, subordinação perpetua do elemento psiquico ao elemento material.

Nestes casos, o nascimento astral efetua-se nas piores condições. A evolução regular não se realisou. As partes materiaes do ser, longe de se terem subtilisado, tornaram se mais pesadas, e as partes espiritualisadas materialisavam-se de certa maneira; a balança pende para o lado da materia, da animalidade. Nestas condições acha-se o espirito, por assim dizer, ainda ligado á terra. Está ainda sujeito ás forças humanas, das quaes ele ainda se não libertou. Anda errante, flutuando perto da terra, aguardando, com o decorrer do tempo, a sua libertação da animalidade. E' pesado o fardo e solida a cadeia a que se ligou, cadeia por ele proprio forjada.

Assim por exemplo, um avarento continuará ligado aos bens materiaes, seu unico amor na terra. Ficará porem no estado de um pobre diabo que acorda esfomeado tendo acabado de sonhar que tinha subitamente enriquecido e que lançava ouro ás mãos cheias aos seus numerosos aduladores.

Os bens materiaes tornam-se tão impossiveis de serem reconquistados pelo avarento como pelo egoista pobre diabo. Com a diferença de que o avarento tem a consciencia da exploração do seu tesouro pelos seus herdeiros, contentissimos por esta fortuna inesperada, e assiste impotente e sofrendo mil torturas, á distribuição dos seus queridos escudos. Resta-nos agora tratar do assunto das evoluções violentamente interrompidas por diversas causas, classifical-as-hemos da seguinte maneira :

Os que nascem mortos, tendo apenas vivido no seio materno ; os que morrem logo nos primeiros periodos da vida; os que morrem por acidentes; os que morrem devido ao crime de outrem; os que morrem por motivo de crimes pessoaes; os suicidas.

Todos estes casos diferem daqueles que acima examinámos.

Houve aqui uma interrupção brusca, voluntaria ou involuntaria, da evolução normal.

Para as creanças que nascem mortos, é evidente que a evolução nem sequer começou a efetuar-se.

A parte espiritual ainda não teve tempo de se desenvolver; sómente o corpo vegetou, tendo chegado a esgotar-se a força vital.

A propria lei da evolução quer que a scentelha espiritual, desde que se manifeste, procure e encontré um orgão no qual se opere o seu desenvolvimento.

As forças vitaes da creança morta ficaram junto da mãe é quando se realisou o acto paterno reapoderaram-se do molde fisico que permitirá a sua evolução.

Porem, em qualquer outra condição de cessação brusca de vida, devera o ser desincarnado completar no estado de corpo astral o periodo de tempo que teria sido empregado na ferra na evolução normal.

Estes mortos, propriamente falando, não são-mortos. São antes vivos que, privados violentamente do seu corpo material, vivem realmente no estado de corpo astral. Ligados aos apetites da vida por milhares de laços que ainda não tiveram tempo de se desfazer, dominados pelos desejos que os animavam e que os acompanharam, não podem afastar-se da atmosfera terrestre e procuram continuamente regressar á vida por todos os meios possiveis.

Bem mais terrivel ainda é a situação daqueles que morreram por suicidio au em estado de criminalidade brutal.

Emquanto aos suicidas, ligados ao carpo de que julgavam desembaraçar-se para sempre, experimentam as mesmas necessidades que sentiam em vida, pois que continuam sujeitos ás necessidades ou paixões que os arrastaram ao suicidio, tendo apenas desaparecido o meio de as satisfazer. Se eram arrebatados continuam a ser arrebatados, travando então uma luta perpetua com os corpos astraes dos homens desequilibrados, com o fim de os subsfituirem. Espreitam os homens no estado de sono, e se o corpo astral de algum deles se afasta um instante, é-lhe preciso travar uma verdadeira luta para reassumir a posse do seu dominio, sendo esta a causa dos pesadelos e terrores das visões monstruosas.

Quando chega a epoca da morte normal, então o espirito do suicida ou do criminoso torna a encontrar os seus antepassados, e muito rapidamente reincarna em um novo corpo, a maior parte das vezes disforme ou estropiado, para recomeçar a luta de que tinha fugido da primeira vez.

Auras e Imagens Astraes

Ensina o ocultismo que todos os seres teem em volta de si uma irradiação invisivel á vista fisica, mas perceptivel á alma para esse fim exercitada.

Esta irradiação chama-se *Aura*, segundo a tradição, havendo uma aura para cada principio. Existe pois uma irradiação ou aura do corpo fisico, de muito pequena extensão, uma irradiação ou aura do corpo astral, e finalmente uma irradiação ou aura da alma ou espirito. Esta aura é simbolisada por uma aureola luminosa cercando as cabeças dos santos, conforme a tradição religiosa.

A existencia d'esta aura acha-se hoje comprovada, tendo mesmo o seu nome passado ao dominio cientifico.

Van Helmot já tinha reconhecido que a aura sae do coração para se elevar em volta da cabeça ; mas é especialmente na cabeça e nas pontas dos dedos que esta aura tem maior densidade.

Nas irradiações da aura acham-se inscritos, sob a forma de imagens, os resultados mais importantes dos nossos pensamentos e das nossas ações.

É graças a esta irradição dos principios do ser humano que se explicam muitos, fenómenos aparentemente singulares, como as simpatias e antipatias subitas por ocasião do primeiro encontro de uma pessoa, bem como tambem as intuições e as previsões chamadas inconséientes.

O ocultista exercitado, isto é, aquele que desenvolveu em si as faculdades de percepção do invisivel conhece logo á primeira vista o valor real de um ente humano, não pelas suas maneiras exteriores, ou pelo seu vestuario, mas sim pela sua irradiação invisivel.

O homem que se julga bom ou superior aos outros, o que julga e critica os outros, o egoista, todos eles povoam a sua atmosfera invisivel de imagens desagradaveis, que o vidente e até o proprio sonambulo, podem ver perfeitamente.

Os objectos, as nações, os astros, tudo tem os seus *clichés*, bons ou maus. Esta existencia de emanações invisiveis conduz-nos á teoria das *imagens astraes* que vamos dar a conhecer em breves palavras.

Ensina-nos o ocultismo que, assim como todos os objetos ou todos os seres projetam lima sombra sobre o plano fisico, da mesma forma tambem tudo projeta um *reflexo* sobre o plano astral.

Quando um ser ou um objeto desaparece, o seu reflexo persiste no astral, conservando-se a imagem desse objeto ou desse ser tal qual era no momento preciso do seu desaparecimento. Deixa pois cada homem no astral um reflexo, uma imagem carateristica. E' pondo-se em relação com estas "imagens astraes" que o vidente pode reconstituir toda a historia das civilisações extintas e das entidades que desapareceram. Uma descoberta recentissima, a da *psicometria*, vio demonstrar que estas afirmaçoes do ocultismo, que poderiam ser tomadas por pura metafisica, correspondem a realidades absolutas.

Esta descoberta, que foi continuada por um sabio investigador americano, de nome Buchanan, veio demonstrar que qualquer objeto pode transmitir uma parte dos factos a que assistiu. O vidente, colocando o objeto a estudar sobre a testa, vê uma serie de imagens que se referem aos factos mais importantes em que o objeto se achou envolvido. Citaremos para exemplo um caso que fomos buscar ao livro de Parus - *l'Occultisme et le Spiritualisme*, pag. 61 :

Um dia, n'uma reunião a que assistiam varios sábios e literatos, tinha eu apresentado um dos nossos amigos que havia desenvolvido em si esta faculdade da psicometria. Um dos assistentes deulhe para estudo um relogio antigo que comsigo trasia. O meu amigo viu o seguinte: Em 1. logar uma côrte (como a de Luiz XV), nobres e duelos; em 2. uma cena da Revolução francesa, em que uma senhora de idade subia ao cadafalso e era guilhotinada ; e èm 3. uma cena de operação cirurgica em um hospital moderno.

"A pessoa que tinha apresentado o relogio estava estupefacta; pois que o relogio havia pertencido primeiramente a um dos seus antepassados morto em duelo no tempo de Luiz XV; depois a uma avó guilhotinada no tempo da Revolução; e por ultimo tendo estado guardado em uma gaveta, tinha sido tirado e levado no dia de uma operação feita á esposá do aasistente."

Por meio deste exemplo, ter-se-ha claramente compreendido a teoria das *imagens astraes* que é uma das teorias mais interessantes das que são expostas pelo ocultismo.

O Ocultismo Pratico

Designam-se pelo nome de *Ocultismo pratico* todas as sciencias ocultas, desde a alchimia, a astrologia e sciencias adivinhatorias até á theurgia e á magia ritual.

Não podemos, em uma obra tão pequena como esta, examinar como conviria, cada uma destas sciencias ; limitar-nos-hemos por isso a dizer apenas algumas palavras.

Começaremos pela astrologia.

Não se pode negar a influencia que os planetas exercem sobre o homem e seu ambiente.

"A ideia da influencia dos astros, diz M. Transom na sua Encyclopedia, pode muito bem ser admitida pela razão." Sem mesmo ser astrologo, admitese como evidente a variação do influxo solar na epoca em que este astro muda de posição na eclitica. Todos os seres da natureza teem a sua existencia intimamente ligada ás variações do aspecto solar. A epoca de florescencia para a planta, de reprodução para o animal ou de doença cronica para o homem, não ê extranha aos diferentes aspetos do sol, ás estações.

Ora, a astrologia reconhece que não sómente o homem se acha sujeito aos influxos astraes de essencia analoga, mas afirma, alem disso, que não é o sol o unico astro de que sofremos a influencia, e que todos os demais planetas do nosso sistema solar nos influenciam igualmente.

Todos os planetas nos enviam, pois, raios astraes que são modificados pelas posições desses planetas no ceu, pelos seus aspétos com os outros corpos celestes e pela sua situação em relação ao meridiano.

Calcular o estado do ceu no momento preciso do nascimento de uma pessoa constitue o que em astrologia se chama: fazer o horóscopo.

Para interpretar esse horóscopo torna-se necessario conhecer as leis da astrologia, a significação dos aspetos planetários, e alem disso, ser dotado de uma fortissima intuição.

As outras sciencias adivinhatorias, a frenologia, a chiromancia, a fisiognomonia, a grafologia, o exame de todas as partes do corpo, são outros tantos diagnosticos que teem um valor tanto maior quanto mais observador e mais intuitivo for o proprio especialista; pois que, convem mesmo dizer-se, não ha regra alguma absoluta; nada é matematico. Os sinais exteriores não são mais do que a expressão de um estado geral ou particular, fisiologico e psiquiço, do individuo ; e os individuos variam indefinidamente.

A arte da adivinhação era praticada na mais alta antiguidade por intuitivos de alta envergadura, que deduziam factos passados e factos futuros.

Atualmente existe uma multidão de pessoas que se dizem chiromantes, cartomantes que leem o futuro nas cartas, nas linhas da mão, no pé do café, no copo d'agua, na clara d'ovo, etc.

Muitas destas pessoas possuem realmente factildades ; mas entregues infelizmente a si proprias e a tódas as influencias, não podem desenvolver os seus sentidos interiores em plena liberdade. Por si sós, as cartas, o pé do café, a clara do ovo, não teem eficacia alguma; nada mais são do que um meio. Os fenómenos de clarividencia e de adivinhação obtidos com o auxilio destes processos são analogos aos do sonambulismo magnetico.

Tomemos o exemplo do pé do café. A vidente espalha o pé do café num prato mandando-vos assoprar e que concentreis a vossa atenção sobre o café.

Em seguida põe-se a olhar para o prato; com uma pena ou agulha, discrimina ela as figuras ou formas que se desenham ; anuncia-vos factos e acontesiméntós da vossa vida passada, presente, o futura. Muitas vezes diz coisas exactas. Que se passou pois ? O fenomeno foi o mesmo que no sonambulismo. A vossa aura, as vossas vibrações comunicaram-se ás da vidente e vieram condensar-se no pé do café: as imagens, os desenhos e as formas do vosso pensamento materialisaram-se por meio de um processo psiquico de que o pé do café é apenas a resultante visivel !

O espelho magico actua de um modo analogõ. Se sois suficientemente sensitivos ou dotados do poder de exteríorisação, se conseguis concentrara vossa atenção sobre um copo de cristal, nâo tardareis a ver nele figuras, imagens e scenas de todas especies.

Alguma vezes, é simplesmente o vosso sonho exteriorisado no cristal que contemplais ; outras vezes, é uma scena real que vem fotografar-se no cristal, scena que ás vezes se passa a distancias consideraveis e cuja exactidão é susceptivel de ser verificada.

Na sua *Magie Dévoilée* conta-nos o bar âo du Potet os fenomenos que obteve por meio do circulo chamado magico. Descrevia circulos ou linhas com carvão ou giz nó sobrado, e convidava uma ou varias pessoas a que observassem. Conforme,, o seu grau de sensibilidade, assim as pessoas experimenavam, ao fim de um instante, impressões diversas, umas alegres, outras tristes, algumas vezes terriveis viam scenas de que não podiam retirar a vista.

Quando traçava essas linhas, concentrava du Potet a sua vontade sobre uma ideia ou sobre uma serie de imagens, e imprimia ás figuras que ia traçando a ideia ou as imagens cuja visão ele queria comunicar ou determinar entre os assistentes.

A magia ritualista é uma operação pela qual o homem procura obrigar pelo proprio jogo das forças ocultas, as potencias invisiveis de diversas ordens a actuarem conforme o que d'elas se pretende obter.

Para esse efeito apodera-se d'elas, surpreende-as por assim dizer, projetando, por eleito da *lei das correspondencias*, forças de que nem ele proprio é senhor, mas ás quaes ele pode abrir leis extraordinarias. E' o que motiva esses sinais exteriores, esses pentaculos, essas figuras especiaes, essas condições de tempo e de Iogar que se torna necessario observar com o maior rigor sob pena de certos perigos.

Queimam-se perfumes, desenha-se com o gesto ou na realidade com uma determinada substancia a forma que se pretende ver aparecer; intensificase a sua atenção sobre uma ideia e espera-se: as forças astraes combinadas com a potencia psiquica emitida e com o fumo do incenso ou outra substancia geram figuras que os sensitivos podem observar e cuja influencia os menos sensitivos podem ás vezes sentir no sistema nervoso.

O mago arma-se com uma espada ou um ferro ponteagudo com o qual pode dissolver ou afastar as forças astraes.

Estas forças combinam-se e dissolvem-se como todas as forças. Finalmente, do estado estatico passam ao estado dinamico e vice-versa.

Mas sucede por vezes que o evocador é inhabil e imprudente sendo então vitima da sua imprudencia ; e assim, as praticas da magia são extremamente perigosas.

O operador prepara-se para elas por meio de jejuns mais ou menos prolongados e de diversas purificações fisicas e moraes. Encerra-se no seu circulo magico formado por tres circulos concentricos contendo os nomes divinos e os nomes dos anjos do dia e da hora. O circulo é a verdadeira fortaleza do operador, visto que, emquanto ele se conservar encerrado no circulo, se acha ao abrigo das influencias perniciosas.

Logo que entra no circulo começa o operador a chamar em alta voz os espiritos; a este chamamento dá-se o nome de evocação quando se pede humildemente ao Espirito, e de esconjuro quando se obriga com ameaças e nomes divinos a manifestar-se contra sua vontade. Uma vez conseguida a aparição é indispensavel ordenar a retirada das influencias que se apresentaram ; e é sómente depois desta retirada que o operador pode sahir impunemente do seu circulo.

O enfeitiçamento, ou seja a ação a distancia de uma sugestão, desde que se tenha estabelecido uma ligação sensivel, de qualquer forma, entre o feiticeiro e o enfeitiçado, tem sido estudada em especial n'estes ultimos anos pelos ocultistas.

M. de Rochas, em uma serie de experiencias curiosas, ligou muito estreitamente a feitiçaria, á hipnose profunda e á exterorisação da sensibilidade. Uma das experiencias mais caracteristicas consiste em pegar em um bocado de cera sensibilisada mantendo-a longe do *sujet* e pical-a com um alfinete; o passivo sofre a sensação da picada, como se lha tivessem dado diretamente.

Por ultimo, o estudo mais importante para o ocultista é a sahida em corpo astral, isto é, a exteriorïsação consciente do corpo astral, para cujo efeito desempenham um papel capital o treino progressivo por meio de um regimen especial e de praticas particulares de respiração.

De tudo o que acabamos de dizer, se conclue que o ocultismo pratico demanda para a sua aplicação uma serio de esforços de grande importancia, baseada em um conhecimento profundo das forças ocultas do homern e da natureza e merece a atenção dos investigadores conscienciosos.

Pequeno Vocabulario Dos Termos De Ocultismo

Adepto. - Aquele que adquiriu os conhecimentos mais elevados em um dos ramos do ocultismo; adepto em astrologia, em alchimia, em kabbala, etc.

Alchimia. - Ramo do ocultismo pratico que se ocupa em especial do estudo dos seres inferiores da natureza (mineraes e vegetaes). Modernamente, o maior dos sabíos quimicos, Berthelot, fez justiça aos antigos alquimistas e ás suas obras, declarando que a existencia da pedra filosofal nada tinha de impossivel *a priori*.

Analogia. - Metodo particular do ocultismo que permite determinar o invisivel pelo exame do visivel, o oculto peio patente, a ideia pela forma.

Arcano. - Termo simbolico que serve para esco-nder aos olhos dos profanos um segredo do ocultismo.[16].

Astral. - Plano de formação de tudo aquilo que é material. Cada ser tem o seu correspondente no astral; existe um corpo astral, um plano astral, um mundo astral, etc.

Astrologia. - Ramo do ocultismo que se ocupa do estudo dos astros e da sua influencia sobre os seres e as cousas. A astrologia é uma das mais antigas sciencias de adivinhação. Acha-se renovada modernamente pelos sabios trabalhos de Flambart, Selva, Barlet, etc.

Briah. - Termo kabbalistico que serve para designar a parte psiquica do universo.

Bruxaria. - Utilisaçáo pratica das forças ocultas da natureza para um fim egoista e sempre mãu. **Chiromância**. - Adivinhação pelas linhas da mão.

---

[16] Sinonimo de misterio. N. do T.

Elementar. - Ser espiritual, consciente e, pessoal, formado depois da morte; por todos os elementos que constituem realmente o eu humano. Corresponde áquilo que no espiritismo se chama um espirito.

Elementaes. - Seres instintivos que teem o seu plano de ação especialmente no astral. São indiferentemente bons ou maus, segundo a indole de quem os utilisa. Chamam-se tambem "espiritos dos elementos".

Esoterismo. - Esta palavra quer dizer anterior, da parte de dentro. O esoterismo estuda a parte de dentro, o invisivel oculto sob a aparencia visivel. Deu-se o nome de esoterismo á tradição oculta, qualquer que seja a sua origem : o esoterismo christão, judaico, hindú.

Espelho magico. - Instrumento destinado a fixar o pensamento humano objetivo e que permite tambem aos seres do astral o manifestarem-se.

Evocação. - Termo de magia. Ação da vontade humana, vitalisada e exteriorisada pelos ritos, sobre os seres que povoam o invisivel. Distingue-se a evocação magica, que demanda uma preparação bastante longa e praticas minuciosas, da evocação espirita que é muito mais simples.

Horóscopo. - Termo de astrologia pelo qual se designa o estado de ceu em um dado momento e em um logar exacto, como por exemplo, no momento do nascimento.

Iniciado. - Aquele que foi admitido á pratica dos misterios. O iniciado suportou determinadas provas e conhece os rudimentos da doutrina esoterica.

Kabbala. -Doutrina particular de certos rabbinos e doutores judeus que deve ter tido a sua origem quando da composição do Talmud para só chegar á sua completa eclosão pelo seculo XIV da nossa era. Os seus dois livros principaes são : o Sepher Yesirah e o Zohar.

Karma. - Termo sânscrito introduzido no ocultismo moderno pelos teósofos. Designa a lei das consequencias, ou por outras palavras: conforme semearmos, assim colheremos.

Linga-Sharira. - Designa na teosofia o corpo psiquico, o duplo.

Macrocosmo. - O universo concebido como um todo animado, provido de espirito, de vida e de corpo.

Magia. - Estudo e utilisação pratica das forças ocultas do homem e da natureza. Se essas forças são acionadas para mal, é *magia negra*; se pelo contrario, apenas se tem em vista o bem, é *magia branca*. A magia foi estudada e posta em dia pelos sabios trabalhos de Estanislau de Guaita e de Papus.

Materialisação. - Termo de espiritismo que designa o fenomeno que se produz quando um Espirito, aparece revestido de materia como se estivesse vivo.

Mediador plastico. - Termo empregado pela escola de Paracelso e por certos ocultistas para designarem o corpo astral.

Microcosmo. - O homem concebido como contendo em si por analogia as leis do universo e do macrocosmo.

Nephesch. - Na kabbala : principio da vida, ou forma da existencia concreta que constitue a parte: externa do homem vivo.

Neschamah. - Na kabbala : o espirito, o principio superior do ser humano.

Pentaculo. - Figura esquematica que resume sinteticamente os principaes ensinamentos do ocultismo.

Pentagrama. - Estrela de cinco ramos que é um poderoso instrumento de ação magica quando é construido segundo as leis ocultas da polaridade humana.

Psiquico. - Termo que designa aquilo que não é material: corpo psiquico, equivalente a corpo astral; mundo psiquico, equivalente a mundo astral.

Reincarnação. - Regresso do principio superior a um corpo humano, quer seja na Terra, quer em outro planeta.

Ruach. - Termo da kabbala que serve para designar o mediador plastico ou corpo astral, o segundo elemento do ser humano.

Sinal astral. - Sinal psiquico impresso pelas influencias ocultas sobre os seres e as cousas e legivel para o iniciado pelas diversas sciencias adivinhatorias. Lei dos sinaes astraes.

Tarot. - Jogo de cartas hieroglificas de que se servem os Bohemios modernos e os cartomantes para lerem a *buena dicha*, e que é baseado nas chaves da Kabbala.

Ternario. - Termo que serve para designar a lei que rege e concilia as oposições. Lei do ternario. **Teosofia.** - Conjuncto de conhecimentos adquiridos por via de revelação, de extase.[17]. Nome que se dá á doutrina que constitue o fundo do ensinamento da Sociedade Teosofica.

Theurgia. - Estudo e utilisação pratica das forças ocultas dos planos superiores, do plano divino : anjos, santos, etc.

Zohar. --- Um dos livros mais importantes que conteem a doutrina dos kabbalistas.

---

[17] A revelação e o extase podem prestar auxilio ao estudo, mas as bases fundamentaes da Teosofia e do Hermetismo, que é necessario não confundir com as do Espiritismo, que são as supracitadas, são os conhecimentos baseados no estudo de todas as sciencias, filosofias e religiões. A palavra Teosofia é derivada-de duas palavras gregas que querem dizer: Sciencia de Deus (N. do T.).